AF227196

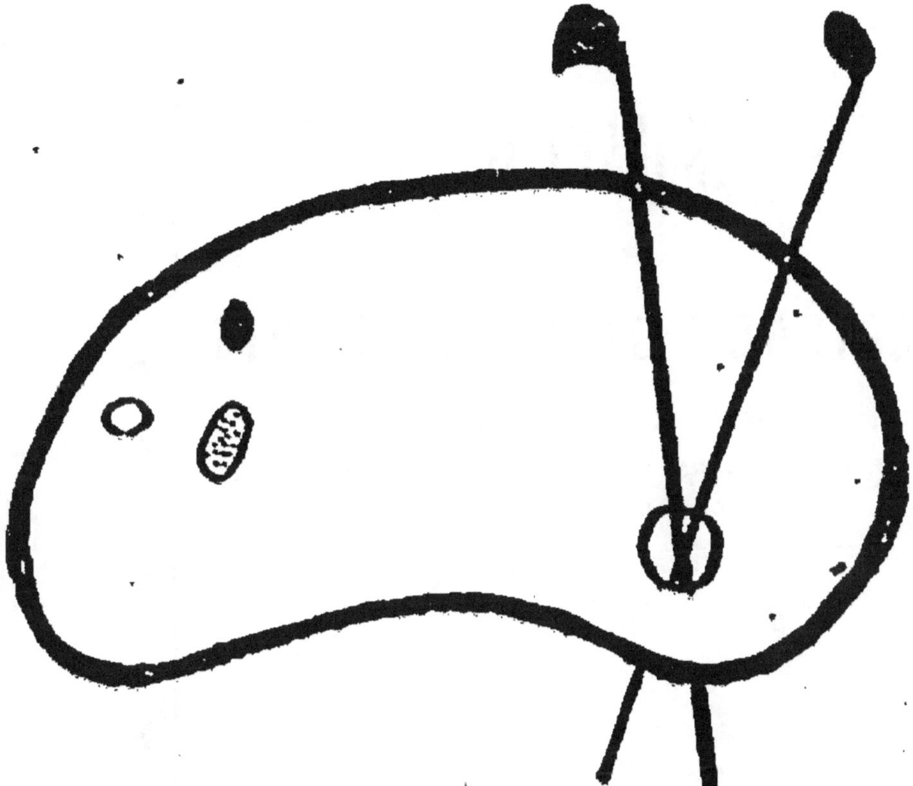

DEBUT D'UNE SERIE DE DOCUMENTS
EN COULEUR

# CARTHAGE

# SOUVENIRS

### DE LA

# CROISADE DE SAINT LOUIS

## PAR LE R. P. DELATTRE

DES MISSIONNAIRES D'AFRIQUE (PÈRES BLANCS)

Correspondant de l'Institut de France.

TUNIS

IMPRIMERIE FRANÇAISE B. BORREL, RUE DE NAPLES.

25 AOUT 1894.

# EN VENTE

## AU MUSÉE DE SAINT-LOUIS

### Pour la continuation des fouilles de Carthage

*Catalogue du Musée archéologique*, 39 pages, Tunis, 1893 .................................... 1ᶠ

*Le même, avec description de la Cathédrale et de l'ancienne chapelle, 59 pages* .................. 1'50

*Les Tombeaux puniques de Carthage*, 124 pages avec 49 dessins, Lyon, 1890 ............. 2'50

*Les Tombeaux puniques de Carthage*, 19 pages avec 11 dessins, Paris, 1891 ................ 1ᶠ

*Fouilles archéologiques dans le flanc sud-ouest de la colline de Saint-Louis en 1892*, avec dessins et plan, 31 pages, Paris, 1893 ....... 1'50

*Fouilles d'un cimetière romain à Carthage* 28 pages avec 10 dessins, Paris. 1889 ......... 0'75

*Les Lampes antiques du Musée de Saint-Louis de Carthage*, 31 pages avec 23 dessins, Lille 1881. 2ᶠ

*La Basilique de Damous-el-Karita*, 27 pages avec plan ............................................... 0'75

*Souvenirs de l'ancienne Église d'Afrique*, 14 pages avec 6 dessins, Lyon, 1894 .......... 0'75

*Notes archéologiques (1892-1894)* avec 57 dessins, Paris, 1894 ............................ 2ᶠ

*Souvenirs de la Croisade de Saint-Louis* trouvés à Carthage, 20 pages, Tunis, 1894 ......... 1ᶠ

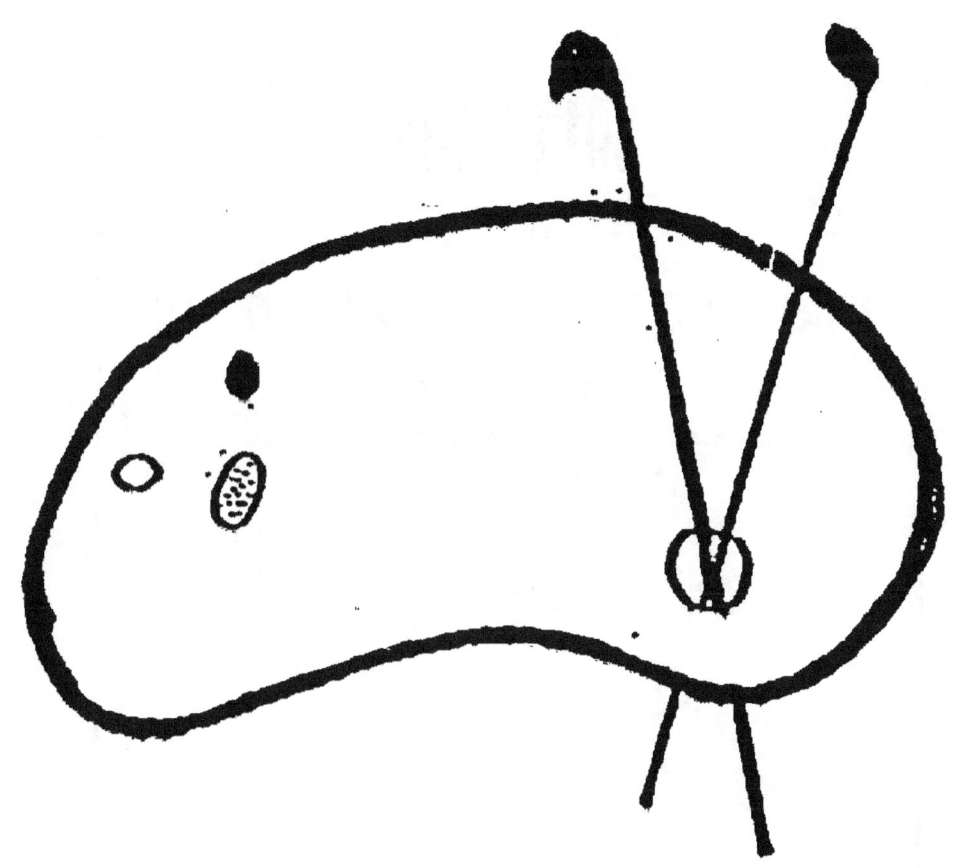


FIN D'UNE SERIE DE DOCUMENTS
EN COULEUR

# CARTHAGE

# SOUVENIRS

### DE LA

# CROISADE DE SAINT LOUIS

## PAR LE R. P. DELATTRE

### DES MISSIONNAIRES D'AFRIQUE (PÈRES BLANCS)

Correspondant de l'Institut de France.

TUNIS

IMPRIMERIE FRANÇAISE B. BORREL, RUE DE NAPLES.

—

25 AOUT 1894.

# SOUVENIRS

## DE LA

# CROISADE DE SAINT LOUIS

### trouvés à Carthage.

# SOUVENIRS

## DE LA

## CROISADE DE SAINT LOUIS

### trouvés à Carthage

### 1876-1894.

Les divers peuples qui ont occupé le sol de Carthage, Tyriens, Romains, Vandales, Byzantins, Arabes, et depuis la domination arabe, Français et Espagnols, ont laissé des traces de leur passage, de leur séjour ou de leur relations commerciales.

Ceux qui visitent Carthage peuvent, en effet, voir dans les vitrines du musée de Saint-Louis des antiquités égyptiennes, puniques, grecques, étrusques, romaines, vandales, byzantines, arabes, etc.

Les principales phases qui se divisent l'histoire tantôt si glorieuse, tantôt si lamentable, de Carthage, sont représentées dans notre collection. La Croisade même de saint Louis (1270) et l'occupation espagnole (1535-1573) y figurent également.

On comprend aisément que les Carthaginois et les Romains, qui occupèrent cette terre pendant plusieurs siècles, aient laissé d'imposants vestiges de leur puissance et de leur art ; mais que les Croisés, qui campèrent quelques mois seulement, au milieu des ruines de Carthage, aient aussi laissé sur le sol des traces d'un aussi court séjour, voilà un fait auquel on n'eut osé s'attendre. Je me souviens de la surprise que m'exprimait un des Membres de l'Institut, lorsque je lui fis part de la découverte de la première monnaie de saint Louis trouvée à Carthage.

J'ai donc pensé qu'il serait intéressant de grouper dans une note spéciale les objets laissés ici par les Croisés et recueillis après plus de six siècles sur le sol de Carthage.

Les documents fournis par l'histoire suffisent assurément à prouver que c'est bien au milieu des ruines de Carthage, que saint Louis fit camper son armée et qu'il rendit à Dieu sa belle âme.

Il s'est trouvé cependant des écrivains osant affirmer que ce fait n'était pas absolument certain, que saint Louis avait peut-être débarqué à Porto-Farina, à Bizerte, voir même à Sousse (1),

_______________

(1) C'est l'avis exprimé par M. de Flaux, dans son ouvrage intitulé : *La Régence de Tunis au XIX<sup>e</sup> Siècle.* « Quelques mots de la chronique de Joinville, dit-il, ont

et que, par conséquent, on pouvait douter du lieu précis de sa mort. Mais de telles assertions, si contraires d'ailleurs à l'histoire, tombent d'elles-mêmes devant la découverte d'un certain nombre d'objets, vases, monnaies, anneaux, boucles, agrafes, etc. ayant assurément appartenu aux Croisés et trouvés à Carthage.

Si depuis 1875, époque où le culte fut rétabli, après une longue interruption, dans la petite chapelle de Saint-Louis, mes confrères et moi avons réussi à réunir un nombre déjà important de souvenirs de la croisade de 1270, il est pénible de songer qu'un bien plus grand nombre de ces objets trouvés par les indigènes, ont dû disparaître, confondus parmi les monnaies frustes et les menus débris de toute sorte et de toute époque que les bergers arabes ne cessent de vendre aux touristes par milliers chaque année.

---

« fait croire que le saint roi était mort *devant le chastel de*
« *Carthage,* tandis qu'il est à peu près certain que c'est à
« Soussah qu'il a rendu sa belle âme à Dieu. Il était cer-
« tes bien plus poétique de faire mourir ce dévot et cheva-
« leresque personnage en face du bûcher de Didon, au
« milieu des tombeaux d'Hannon et d'Amilcar, et près du
« berceau d'Annibal, enfin parmi les imposantes ruines de
« Byrsa, que dans une obscure bourgade peuplée de
« Bédouins. Or, comme la fiction l'emporte toujours sur la
« vérité, c'est un fait acquis que saint Louis a expiré à
« Carthage. » Les souvenirs de la Croisade que nous avons

Je suis heureux néanmoins de faire connaître aux savants et à tous ceux qui s'intéressent à la belle et grande œuvre de saint Louis, entreprise ici par notre très vénéré et regretté fondateur, l'illustre Cardinal Lavigerie, le résultat de nos recherches au sujet de la croisade de 1270.

Le premier souvenir de la croisade de saint Louis, que nous avons eu la bonne fortune de recueillir ici, fut une monnaie de cuivre de la grandeur de nos monnaies actuelles de 50 centimes. C'est un denier tournois de saint Louis, valant 7 centimes et demi, sorti de l'atelier monétaire de Tours.

D'un côté, la croix occupe le centre avec cette légende :

✠ LVDOVICVS REX.

et de l'autre, un châtel tournois ou édifice com-

---

trouvés prouvent combien cette assertion était fantaisiste.

M. de Flaux avait été chargé, en 1861, par le ministre d'État, M. le comte Walewski, d'une mission scientifique « ayant pour but de faire des recherches à la bibliothèque de Tunis et d'explorer l'emplacement de Carthage. »

posé de deux tours séparées par un fronton, avec cette inscription :

☩ TVRONVS CIVIS

Nous devons cette trouvaille à un de nos Frères convers, le Frère Laurent, qui ramassa lui-même cette monnaie sur le flanc sud de la colline, où s'élèvent aujourd'hui les établissements de Saint-Louis, près d'un terrain appelé par les indigènes « Es-Siouf », c'est-à-dire *les épées*, sans doute parce que les Arabes y trouvèrent des armes. Je verrais volontiers dans ce nom, un souvenir de quelque combat de la Croisade de saint Louis, car on ne peut songer à la bataille livrée par Charles-Quint à Barberousse en 1535. Celle-ci, en effet, n'eut pas lieu à Carthage même, mais sur le bord du lac, vers Tunis et près du village actuel de l'Aouina.

Dans le quartier où la monnaie de saint Louis a été trouvée, on a plusieurs fois découvert, en remuant le sol, des squelettes recouverts de chaux qui doivent être les restes de Croisés.

Il convient cependant de dire qu'un certain nombre des chevaliers qui succombèrent à Carthage, n'y laissèrent pas toute leur dépouille mortelle. Leurs ossements séparés de la chair à l'aide de l'eau bouillante, furent conservés pour être rapportés en France, tandis que leur chair et leurs entrailles furent inhumées là où campait l'armée. Ainsi fut fait des restes du Comte de Nevers, comme on le voit dans une lettre écrite de Carthage, quatre jours avant la mort de saint Louis, par Pierre de Condé et adressée à Mathieu de Vendôme, abbé de Saint-Denis : « *Carnes dicti Comitis decocte fuerunt, sed ossa, ut moris est, condita in brevi sunt in Franciam deferenda* ». Le corps de saint Louis a subi la même opération qui facilitait le transport des ossements ; mais ses chairs et ses entrailles, au lieu d'être enterrées, furent emportées par Charles d'Anjou à Montréal, en Sicile, où ces reliques sont conservées. Nous en possédons une partie dans le magnifique reliquaire de la Cathédrale de Carthage.

Depuis la découverte du *denier tournois* dont je viens de parler, nous avons recueilli plusieurs autres monnaies apportées ici par les Croisés. Six d'entre elles (1) sont encore des deniers tournois de même métal, de même poids et de même valeur. Parmi les autres, je tiens à signaler une monnaie d'argent également de saint Louis, une

---

(1) Parmi ces monnaies, l'une a été trouvée dans un endroit indéterminé du sol de Carthage, l'autre sur la colline même de Saint-Louis, à deux pas de la fenêtre de ma cellule, une troisième a été ramassée par un zouave au pied de la colline de Byrsa, enfin une quatrième a été ramenée à la

monnaie de Thibaut, comte de Champagne, et une pièce d'Alphonse de Poitou.

La monnaie d'argent, du diamètre de nos pièces de 2 fr., mais moins épaisse, est un *gros tournois*. Sa valeur était d'environ 1 fr. (0 fr. 898). La face porte la croix entourée de cette légende disposée en double cercle :

✠ LVDOVICVS REX. *Louis roi.*

✠ BNDICTV : SIT : NOME : DNI : NRI : DEI : IHVXPI

*Benedictum sit nomen Domini nostri Dei Jesu Christi.*

C'est-à-dire : « Béni soit le nom de Jésus, notre Dieu et Seigneur ! »

Le revers porte, dans un cercle de petits ronds renfermant chacun une fleur de lis, un châtel tournois avec cette inscription :

✠ TVRONVS CIVIS.

Cette pièce d'argent appelée *gros tournois*, fut frappée à Tours, par ordre de saint Louis, après

---

surface du sol par un rat faisant son trou dans le terrain appelé El-Goulla, voisin du village de Douar-ech-Chott. C'est aussi dans ce village que M. Noël, médecin militaire achetait, il y a quelques années, à un arabe, un denier tournois de saint Louis.

son retour de la première croisade. Elle devint ensuite la base réelle du système monétaire et valait 12 deniers. On l'appelait aussi *sou tournois*.

Longtemps après le règne de saint Louis, cette monnaie d'argent avait encore la réputation d'être la meilleure qui eut jamais été frappée. Voici, en effet, ce qu'on lit dans un ancien manuscrit de la Bibliothèque de l'École des Chartes :

« Fit fere le bon Roy sains Loys monnoye
« d'argent fin de coppelles, à XII deniers de loy
« et pourtaient treze rondeaux et dedans chacun
« avoyt une fleur de lix et estoyent à l'entour du
« sercle, et furent faiz pour l'amour des XII pers
« de France ; et lisoyent *Ludovicus rex*, et les
« appeloyent *grox*, et aucuns les appeloyent *espi-
« nes* ; et ce fut la plus belle monnoye qui cou-
« rat oncques puys et la meillor et n'en fut guère
« fet. »

La monnaie de billon de Thibaut, comte de Champagne et gendre de saint Louis, est de la grandeur d'une pièce de 50 centimes.

D'un côté, une croix cantonnée de deux croissants, d'un alpha et d'un oméga avec cette légende :

✠ TEBAT COMES. *Comte Thibaut.*

De l'autre, une espèce de peigne, connu des numismates sous le nom de *peigne champenois*, est surmonté de trois tours crénelées et entouré de cette inscription :

✠ PRVVINS CASTRI. *Châtel de Provins.*

Cette monnaie est du comte de Champagne, Thibaut V, appelé aussi, comme roi de Navarre, Thibaut II (1253-1270). Il avait obtenu en mariage la fille de saint Louis, la princesse Isabelle, qui l'accompagna en Afrique à la Croisade de 1270. Au retour de Carthage, Thibaut II et sa royale épouse, débarqués en Sicile après une affreuse tempête, succombèrent aux fatigues de cette pénible expédition.

La monnaie de Thibaut a été, comme l'indique le revers, frappée à Provins. L'espèce de peigne qu'on y voit et qui caractérise les monnaies de la Champagne, n'est qu'une imitation métamorphosée du monogramme du roi Eudes.

La monnaie de Provins, à cause de son bon aloi et du grand concours de marchands qui accouraient de tous les points de l'Europe aux célèbres foires de cette ville, était, sous le règne de saint Louis, fort répandue. On l'employa jusqu'en Italie. A Rome même, à la fin du xiie siècle, on frappa des *deniers provinois*. Son cours était aussi important que celui de la monnaie frappée à Paris et à Tours.

La monnaie du Comte Alphonse, frère de saint Louis est une pièce de billon, mesurant à peine 15 millimètres de diamètre et ne pesant que 5 à 6 décigrammes.

Elle a été frappée entre les années 1241 et 1250. D'un côté elle porte une croix accompagnée d'une fleur de lis avec le nom du comte :

**✠ ALFVNS COMES**

De l'autre, on lit le nom de la Province du Poitou, inscrit sur trois lignes :

**PIC**

**TAVIE**

**NSIS**

C'est dans le village de Douar-ech-chott que cette monnaie m'a été vendue par un arabe. Il l'avait trouvée sur les pentes de la colline de Saint-Louis.

Outre ces monnaies datant du règne de saint Louis, nous avons encore recueilli sur place plusieurs objets de bronze de la même époque. Ce sont : des boucles ou agrafes fleurdelisées et ayant toutes la forme d'écusson, des pointes de flèches, un débris de casse-tête, une charnière de coffret avec la lettre Z fleurdelisée en relief, trois anneaux ou bagues, un débris de sceau, et plusieurs autres pièces.

Chaque bague est en cuivre et soudée à un petit disque de même métal, sur lequel est gravé un sujet. Sur le premier est un lion, sur le second, un personnage chevauchant, sans doute un chevalier, puis sur le troisième, un saint debout avec la tête nimbée.

Quant au débris de sceau, il ne conserve, avec l'anneau de suspension, que le début de l'inscription, un nom de saint précédé d'une croix.

Les vitrines du musée de Saint-Louis renferment d'autres objets qui doivent appartenir à la Croisade, mais dont je n'ai pu déterminer l'origine d'une façon certaine.

∴

En terminant cette série d'objets laissés ici par les Croisés, je ne saurais omettre de signaler la découverte d'un sceau de chevalier de l'époque de saint Louis, faite en Tunisie, lors de l'occupation française dans des circonstances particulières, qui méritent d'être rapportées. Voici en quels termes M. Roman, d'Embrun, a fait part de cette curieuse trouvaille à la Société des Antiquaires de France (1) :

---

(1). Séances, 1er-8 Décembre 1886.

« Au moment de la conquête de la Tunisie, à
« une époque que je ne puis préciser, un officier
« français tua ou vit tuer sous ses yeux un Arabe
« probablement un chef. Le cheval fut pris et,
« en visitant le harnachement, le Français trouva
« suspendu sur le poitrail un objet métallique,
« qu'il prit d'abord pour une amulette. Il la net-
« toya et y reconnut des lettres romaines et non
« arabes ; pensant alors que c'était une antiquité
« et ignorant absolument l'archéologie, il envoya
« sa trouvaille comme souvenir à un sien petit
« cousin qui habitait les Vosges. Ce jeune homme
« nettoya, sans le gâter, heureusement, l'objet
« reçu et y découvrit un sceau dont l'anneau de
« de suspension a été brisé au milieu de toutes
« ses périgrinations.

« Ayant lu le nom de MONTAUBAN, il eut
« l'idée de vendre l'objet à la ville de Montauban
« et écrivit, à cet effet à l'archiviste municipal de
« cette ville, qui lui répondit que la ville de
« Montauban n'avait eu aucun seigneur autre que
« le roi et qu'aucune famille de Montauban n'était
« connue dans le pays, mais qu'il y avait un
« Raymond de Montauban qui était connu dans
« les chansons de gestes comme camarade des
« quatre fils Aymon.

« A force de chercher, le possesseur du sceau
« finit par trouver qu'il y avait eu une vieille
« famille de Montauban en Dauphiné ; il offrit

« de vendre son objet à l'archiviste de l'Isère qui
« répondit que les archives n'achetaient pas
« d'objets d'archéologie, mais qui lui donna l'a-
« dresse d'une personne qui acheta le sceau.
« C'est ainsi qu'il m'est parvenu. Mais le plus
« singulier, c'est qu'au premier coup d'œil, je
« reconnus dans ce sceau, un sceau que j'avais
« publié depuis environ vingt ans dans une *Si-*
« *gillographie du diocèse de Gap*, d'après des
« sceaux en cire des archives des Hautes-Alpes,
« fonds de la Chartreuse de Durban. En effet,
« Raymond de Montauban est un personnage fort
« connu ; il était fils d'Isoard d'Aix ou Isoard
« Artaud et de Dragonette de Montauban dont il
« joignit le nom au sien. Il paraît pour la première
« fois en 1239 ; reçoit le 29 mars 1244 donation
« par son père de tous ses fiefs ; il paraît une
« dernière fois le 11 mai 1263 et était certainement
« mort en 1281. Qu'il ait été à la croisade de
« saint Louis, c'est une hypothèse, mais qui
« paraît probable. Il est certain qu'il a perdu son
« sceau en Tunisie. Il y était donc allé. »
    « La famille Artaud de Montauban descendait
« en droite ligne des comtes de Die par Roais,
« femme d'Hugues Artaud, et fille d'Isoard, comte
« de Die en 1176-1190. Elle s'est éteinte au com-
« mencement du xvi<sup>e</sup> siècle. »
    « La forme du sceau est celle d'un écusson,
« comme beaucoup de sceaux provenceaux ;

« autour est écrit : S. RAIMUNDI DE MONTE
« ALBANO, et dans le champ on voit trois
« châteaux à trois tours, armoiries de cette fa-
« mille. »

.·.

Ce n'est pas sans une douce émotion et une
pieuse joie que j'ai recueilli et classé les souvenirs de la Croisade qui, pour n'être pas aussi anciens que nos vieilles antiquités puniques et romaines n'en sont pas moins précieux et même le
sont davantage pour ceux qui aiment saint Louis
et le lieu privilégié où il rendit sa belle âme à
Dieu, pour nous en particulier, qui avons la garde
du sanctuaire élevé sur l'emplacement où il mou-
rut avec l'élite de la noblesse française. On est
heureux de pouvoir ainsi trouver, non seulement
dans l'histoire, mais encore sur le sol et dans le
sol même de Carthage, des preuves authentiques
du séjour des Croisés.

C'est donc bien au milieu des ruines de cette
ville célèbre que, selon l'expression de Guillaume
de Nangis, *ils établirent leurs pavillons* et que le
bon Roi, après avoir vu la peste lui enlever l'élite
de son armée, succomba lui-même au fléau,
couronnant une vie admirable par la plus sainte
mort.

.˙.

On a encore découvert à Carthage, en déblayant les citernes du bord de la mer des crânes et plusieurs vases de bronze qui me paraissent appartenir à la Croisade de saint Louis. Un de ses vases a ses deux anses ornées de festons o o o o o qui rappellent certains dessins du XIII^e siècle. Une autre anse se termine en fleur de lis. Tout dernièrement encore en vidant d'anciennes citernes, aujourd'hui converties en magasin de la batterie de Bordj-Djedid, on a également recueilli une anse de bronze fleurdelisée et plusieurs vases de même métal qui me paraissent provenir de la Croisade de saint Louis.

Déjà, il y a quelques années, j'en ai vu retirer de semblables d'un ancien puits voisin de la Marsa. C'est précisément entre ce puits et les citernes en question, dans le terrain aujourd'hui bien connu de Damous-el-Karita, que nous avons trouvé à peu de profondeur une boucle de bronze fleurdelisée. La fleur de lis est découpée dans le métal.

Enfin les divers points d'où proviennent ces souvenirs de la Croisade de saint Louis permettent de fixer avec certitude l'emplacement du séjour des Croisés à Carthage. Après être débarqués sur la langue de terre où s'est construit le village du Kram, ils occupèrent les hauteurs de

Carthage, jusqu'aux terrains situés, d'un côté, entre les citernes de Bordj-Djedid et les abords du village actuel de la Marsa, et d'un autre côté, entre les anciens remparts de la vieille cité et la maison actuelle des Sœurs Franciscaines, Missionnaires de Marie, consacrée au souvenir des larmes de sainte Monique.

C'est précisément ces mêmes collines que choisit l'armée française lorsqu'au début de l'occupation de la Tunisie, elle vint camper à Carthage. Les sentinelles, il me semble les voir encore, montaient la garde sur les hauteurs qui regardent le village de Sidi-Bou-Saïd sans se douter qu'ils foulaient sous leurs pas la ligne même des anciens remparts de l'antique et illustre capitale de l'Afrique.

---

**Port-scriptum.** — Les lignes qui précèdent sont imprimées, lorsque le 11 Août 1894, visitant avec M. le Marquis d'Anselme, nos fouilles de l'importante nécropole punique située entre la colline du Petit Séminaire et les grandes citernes, dans la direction de la batterie de Bordj-Djedid, j'apprends que les ouvriers viennent de trouver à très peu de profondeur une boucle de bronze. C'est une boucle fleurdelisée, intacte, conservant son ardillon. Je suis heureux, en terminant cette note, de pouvoir ajouter cette pièce à tous les souvenirs déjà signalés de la Croisade de saint Louis.

Saint-Louis de Carthage, 25 Août 1894.

A. L. DELATTRE,
*Prêtre, missionnaire d'Afrique.*

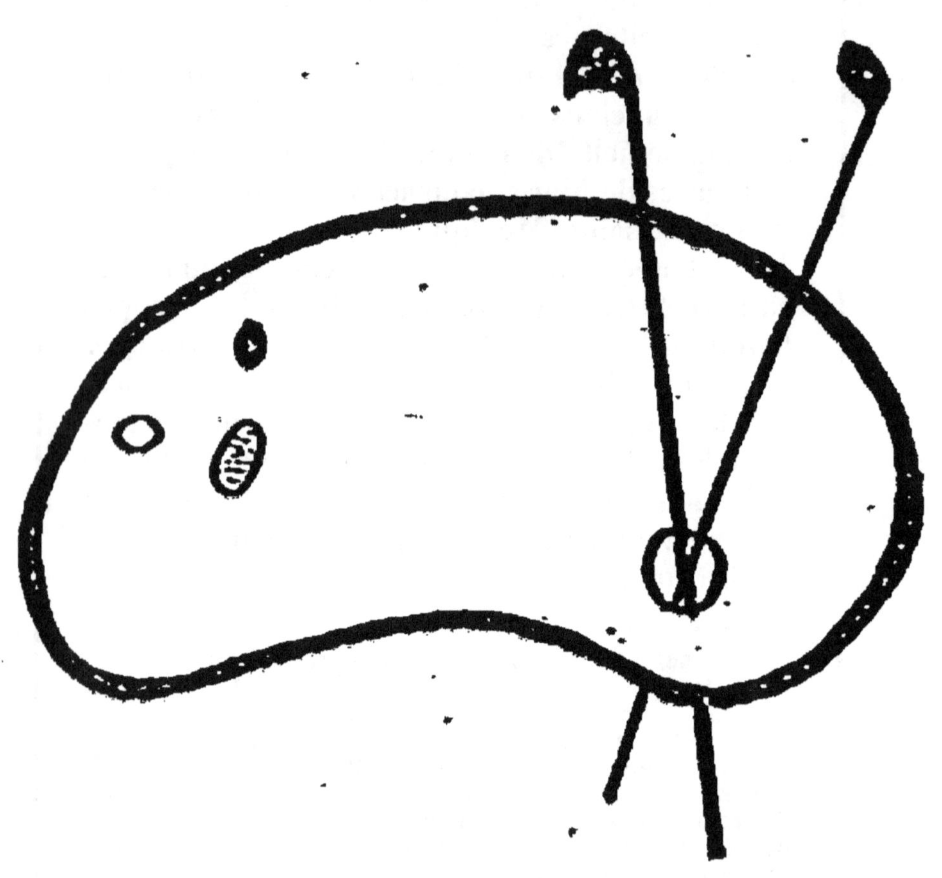

ORIGINAL EN COULEUR
NF Z 43-170-8

www.ingramcontent.com/pod-product-compliance
Lightning Source LLC
Chambersburg PA
CBHW051217050726
47594CB00007B/3260